EXPOSÉ

Des avantages qui résulteroient de la vente immédiate des biens nationaux de la Belgique contre des inscriptions au grand livre, à quoi l'on a joint un Tableau comparatif de la dette publique de la France avec celle de l'Angleterre.

Par Saint-Aubin, Professeur de Législation aux Écoles centrales du Département de la Seine.

Prix 5 sous.

A PARIS,

Chez DU PONT, rue de la Loi, N.° 1231.

Et se trouve chez les Marchands de Nouveautés.

Le 4 Floréal, an V de la République.

RAPPORT

Les ouvrages qui doivent composer la Bibliothèque [...]

[...] Charles-Aignan, Professeur de Législation [...] écoles centrales du Département de Paris.

Prix 3 sous.

A PARIS,

Chez DU PONT, [...] rue [...] l'an [...]

Se trouve chez les Marchands de Nouveautés

EXPOSÉ

Des avantages qui résulteroient de la vente immédiate des biens nationaux de la Belgique contre des inscriptions au grand livre, à quoi l'on a joint un Tableau comparatif de la dette publique de la France avec celle de l'Angleterre.

> Le Gouvernement qui court après des écus
> n'est pas celui qui en attrape le plus.

Cet écrit auroit paru, il y a long-temps, sans l'obstacle presqu'invincible qu'opposoit à la vente des biens nationaux de la Belgique, le doute presque généralement répandu sur la conservation de cette acquisition si importante pour la république française, doute qui rendoit cette vente aussi difficile que désavantageuse pour le trésor public.

Aujourd'hui cette question est décidée, et l'on peut hardiment avancer que le nombre des chrétiens qui craignent ou attendent *de bonne-foi* la rentrée de la Belgique sous la domination de la maison d'Autriche, est moindre que celui des juifs qui espèrent sérieusement l'arrivée prochaine du Messie.

La vente des biens nationaux de ce pays ne peut donc plus être arrêtée par la crainte des revenans, qui jusqu'ici les a fait vendre à si bas prix, et l'on ne pourra plus dire des acquéreurs qu'ils achètent la peau de l'ours avant qu'il soit à terre. Et comme d'un autre côté tout le monde est d'accord qu'il faut les vendre, il ne s'agit plus que de trouver le mode de vente le plus avantageux pour la république. Or je soutiens que c'est celui de les vendre uniquement contre des inscriptions et autres créances

A

sur l'état, avec exclusion de tout numéraire, hors le droit d'enregistrement.

Les avantages de ce mode de vente peuvent être considérés sous les rapports :

1.º Du crédit public.

2.º De l'économie qui en résulteroit dans les dépenses du gouvernement.

3.º Du crédit particulier.

4.º Des avantages qu'en retireroient les rentiers et autres créanciers de l'état.

5.º De la diminution des impôts, suite nécessaire de celle des dépenses, et de la réduction volontaire de la dette publique, opérée par l'absorption des inscriptions dans la vente des biens nationaux.

6.º De la politique.

7.º De la morale.

Avant de développer successivement tous ces avantages, je vais présenter un argument simple et d'une évidence palpable, en faveur de la vente des biens nationaux en général, contre des créances sur l'état, argument qui renferme implicitement la réponse à toutes les objections qu'on a faites et qu'on fait encore contre ce mode de vente, que les loix du 16 brumaire et 9 germinal ont déjà consacré en partie. Je ferai voir ensuite les motifs qui rendent ce mode préférable sur-tout pour les biens nationaux de la Belgique.

Je rends d'abord au corps législatif actuel et à venir, ainsi qu'au gouvernement, la justice de croire qu'aucun des membres qui le composent, ne compte profiter du discrédit actuel et passager des créances sur l'état, pour les rembourser un jour *forcément* à ce taux, ou pour opérer sur elles une réduction *forcée* quelconque. Tous, sans doute, regardent comme un malheur, la nécessité impérieuse qui a forcé l'état jusqu'ici de ne payer que partiellement et inexactement ce qu'il doit ; aucun d'eux n'est assez

(3)

immoral, n'est assez inhumain, pour se flatter que
le gouvernement en payant ses créanciers encore
plus mal qu'il ne le fait, pourra en venir un jour
à ne pas les payer du tout, ou à les forcer de se
contenter du remboursement qu'on voudra leur
offrir. Il n'y a que des Cambon et des Terray qui,
placés à la tête des finances de la France, puissent
et veuillent être *banqueroutiers d'attente et voleurs
en espérance.* Non, la loyauté de la nation française ne sera pas un vain mot; le gouvernement ne
fera pas banqueroute; il ne la fera ni totale, ni
partielle, puisqu'il a de quoi payer et de quoi payer
amplement tout ce qu'il doit (1).

D'après ce principe, dont tout bon citoyen doit

-----

(1) Je ne puis me refuser au plaisir de transcrire ici une partie
de l'excellent discours prononcé par Vaublanc dans la séance
du 24 ventose, pour démontrer que toute révision, (et à plus
forte raison toute réduction forcée) de la dette nationale, seroit
contraire aux principes, à l'usage des peuples et à l'intérêt public.

« Une nation, dit-il, peut faire deux espèces d'actes; les uns
» par lesquels elle agit sur elle-même, tels sont les loix; elle est
» toujours maîtresse de les faire, de les modifier, de les rap-
» porter. Les autres, par lesquels elle agit sur les particuliers et
» contracte avec eux. Alors elle doit plus de respect encore à la
» transaction qu'elle a faite, parce que d'un côté est la force, de
» l'autre la foiblesse.

» Dans toutes les crises que les finances ont éprouvées en
» Angleterre, en Espagne, et en France sous Louis XIV, sous
» le Régent, la dette nationale a toujours été respectée, conso-
» lidée, assise sur la loyauté et la bonne-foi du gouvernement et
» de la nation. Ainsi se sont comportées les trois assemblées na-
» tionales.

» La révision proposée seroit contraire à l'intérêt particulier,
» puisqu'elle diminueroit le crédit des inscriptions, et qu'elle
» réduiroit à la misère une foule de pères de famille qui en sont
» porteurs. Elle nuiroit encore au crédit public; celui-ci ne
» peut être ébranlé sans être détruit. La France, comme tous
» tous les grands états, peut être forcée d'avoir recours aux
» emprunts; la mesure proposée lui fermeroit pour toujours
» cette ressource. »

A 2

désirer qu'il soit généralement regardé comme incontestable, la nation qui vend un domaine contre
un capital de vingt mille livres en inscriptions ,
reçoit réellement en payement un capital de vingt
mille livres espèces, (puisqu'elle *doit* et *veut* payer
cette créance au pair lorsqu'elle le pourra) quoique
l'acquéreur du même domaine puisse avoir acquis
ces inscriptions pour deux mille livres numéraire ,
ou bien n'y attacher momentanément que cette
valeur, s'il les a d'ancienne datte. C'est donc un
marché avantageux à-la-fois, et pour la nation qui
vend, et pour le particulier qui achète ; tous les
deux font une excellente affaire : il seroit même
aisé à démontrer que l'état est celui qui gagne
davantage. C'est ici que se réalise à la lettre ce
que Condillac, dans son traité du commerce, ne
dit que relativement à la manière de voir des parties contractantes. « Il est faux que dans les
» échanges on donne valeur égale pour valeur
» égale. Au contraire, chacun des contractans en
» donne toujours une moindre pour une plus
» grande. » Et si l'acquéreur, en payant avec des
inscriptions le domaine acquis à l'enchère, dit in-
térieurement avec la femme qui comptoit de l'argent pour payer une terre : *on est cependant bien
heureux d'avoir une terre pour cela;* l'état peut
dire de son côté : *on est cependant bien heureux
d'acquitter ses dettes et de soulager le fardeau
des impôts à ce prix là.*

On voit par-là que c'est une erreur grossière de
croire, qu'il est indifférent pour la nation de vendre
ses domaines contre du numéraire, ou contre des
créances sur l'état, parce que si le domaine qui à
l'enchère n'auroit été vendu que dix mille livres
espèces, est porté à cent mille livres en inscriptions, ces dernières ne valent que dix mille livres
espèces sur la place. Il est évident que cette éga-

lité n'existe *tout au plus* (1) que pour l'acquéreur, tandis que pour le vendeur ou pour l'état elle n'est qu'apparente, et que pour lui la différence de ces deux modes de ventes est telle, qu'elle n'admet absolument aucune comparaison.

Cependant, dit-on, si le gouvernement, après avoir vendu ce même domaine contre dix mille livres espèces, employoit cette somme à l'achat d'inscriptions sur la place, pour les éteindre sur le grand livre, le résultat ne seroit-il pas le même pour l'état ?

Je réponds qu'il le seroit, si l'opération étoit exécutable. Mais d'abord les besoins du gouvernement sont trop urgens, et ce qui pis est, l'habitude de regarder tous les besoins comme très-urgens, est trop enracinée, pour pouvoir espérer que le numéraire qui rentreroit par ce mode de vente, fut employé à amortir la dette publique ; il seroit mangé en route avant d'arriver à sa destination.

______

(1) Je dis *tout au plus même pour l'acquéreur*, parce que ceux qui ont des inscriptions et qui veulent acquérir des biens nationaux, aiment généralement mieux convertir en terres le papier qu'ils ont, que débourser sa valeur en écus pour le même but. Ce préjugé, car c'en est un, tient à la valeur que les hommes en général attachent aux espèces, valeur que les désastres du papier-monnoie et la disette actuelle du numéraire, ont singu-gulièrement accrue. L'expérience a prouvé que les ventes de vin et de mobilier national, faites l'année dernière contre des mandats valeur nominale, étoient bien plus avantageuses pour le gouvernement, que celles contre le numéraire. On voit par là qu'abstraction faite des considérations ci-dessus, le gouvernement gagne même en valeur réelle, à vendre les biens nationaux contre des inscriptions ou autres créances, de préférence au numéraire, parce que dans la chaleur des enchères, un acquéreur regarde moins à vingt mille livres en inscriptions, qu'à deux mille livres en espèces, quoique la valeur réelle de ces deux sommes soit la même.

Mais quand on y mettroit toute la bonne volonté et toute la bonne-foi possible, l'opération proposée seroit physiquement inexécutable, parce que le gouvernement ne pouvant la faire par lui-même, seroit forcé d'employer des agens qui non - seulement le voleroient, mais qui en divulguant le secret *(même malgré eux)* feroient monter à chaque achat les inscriptions au point, que le trésor publio éprouveroit une perte énorme, et que la nation se trouveroit en dernière analyse, avoir donné ses domaines pour rien. Je dis, *même malgré eux*, parce que le raisonnemens et l'expérience démontrent, que toute opération majeure du gouvernement en fait de finances, se trahit, pour ainsi dire, d'elle même et souvent avant qu'on ait eu le tems de l'entamer. Aussi n'ai-je guère entendu faire cette objection que par des gens qui ne connoissent ni la place, ni la manière dont les affaires s'y font, ni les opérations de la trésorerie, ni les moyens qu'elle est forcée d'employer pour les faire, par des gens enfin qui raisonnent là-dessus comme sur bien d'autres choses sans douter de rien, précisément parce qu'ils ne savent rien de rien.

Enfin, quoique je ne sois pas *rigoriste*, j'aurois bien de la peine à digérer l'idée révoltante d'un corps législatif qui tacitement ou expressément, autoriseroit le gouvernement à jouer continuellement à la baisse des créances sur l'état, qui ont pour garant sa loyauté, et à la ruine des rentiers qui se reposent sur sa protection.

Si la vente des biens nationaux en général contre des créances sur l'état est avantageuse à la république, elle le seroit particulièrement pour ceux de la Belgique, et cela pour deux raisons. D'abord ce pays est peut-être celui de l'Europe qui, *proportionnellement à son ancienne richesse métallique*, est aujourd'hui le plus pauvre en espéces.

En sept ans il a essuyé cinq révolutions , et il a été pendant tout ce tems , sinon le principal théâtre de la guerre , du moins , le séjour constant d'armées nombreuses qui ont vécu à ses dépens. On y a payé en espèces tous les impôts ordinaires et extraordinaires que le reste de la France payoit en papier ; on y a fait des réquisitions en tout genre , longtems après qu'elles étoient tombées en désuétude chez nous. Cette disette *relative* de numéraire doit influer et influe réellement sur le prix des immeubles, qui *proportionnellement à leur ancienne valeur* , y sont beaucoup plus bas qu'ailleurs.

En second lieu , quand il y auroit la même abondance de numéraire , les préjugés en faveur du clergé , sont encore trop forts dans ce pays , pour oser espérer que beaucoup de capitalistes ou autres propriétaires aisés de la Belgique , veuillent employer leurs capitaux à acquérir , même des biens de moines.

Il faut donc y attirer des acquéreurs de l'intérieur de la France , où l'expérience prouve qu'on vend les biens nationaux plus facilement et plus avantageusement contre des créances sur l'état que contre du numéraire.

D'après ces rémarques préliminaires , il sera aisé de saisir tous les avantages que présente le mode que je propose pour la vente des biens nationaux de la Belgique , avantages que je vais exposer en examinant cette mesure sous les différens rapports indiqués ci-dessus.

1°. *La vente des biens nationaux de la Belgique, uniquement contre des inscriptions et autres créances sur l'état , est avantageuse au crédit public.*

Il en est à cet égard du gouvernement comme d'un particulier qui trouvera plutôt du crédit , s'il doit cent mille francs en obligations ou contrats , que s'il doit seulement mille écus en dettes criardes. Ce sont ces dernières qui dans le moment actuel ruinent surtout le crédit public. Il circule sur la place, on porte même de maison en maison, des ordonnances de l'arriéré pour créances antérieures au régime constitutionnel, d'autres pour fournitures faites depuis l'établissement de ce régime, des décomptes liquidés et non liquidés, des bons de lotterie, des quittances de l'emprunt forcé, des récépissés, etc. enfin de quoi former une nomenclature de quelques pages. Comme plusieurs de ces créances presque toutes exigibles, et notamment les ordonnances, sont présentées à une foule de personnes, et souvent le même jour, soit pour les acheter soit pour les vendre, par les mille et un courtiers et agens de change de création moderne, qui se mêlent de ces négociations, on croit que la totalité forme une somme énorme, tandis d'après les renseignemens les plus exacss que j'aie pu me procurer, j'ose assurer que l'ensemble de toutes ces créances, ne va pas à trois cent millions, valeur nominale, faisant au denier vingt, quinze million de rente. (1).

Tant que ces dettes criardes circuleront, et seront offertes à tout venant avec 75 pour cent de perte et plus, il est impossible que le gouvernement ait le moindre crédit. La mesure proposée, en faisant monter les inscriptions, déblayera bientôt la place de toutes les autres créances qu'on employera bien vîte et de préférence dans le paiement

---

(1) On jugera par l'échantillon suivant, combien les calculs du public sont exagérés à cet égard. Les décomptes de l'arriéré relatifs au département de la guerre, qui à lui seul doit plus que tous les autres, ne font pas un total de soixante millions. Racontez ce fait dans une société, et sur-tout à des gens d'affaires, on se mocquera de vous : Monsieur, dira-t-on, a sûrement des ordonnances à vendre.

des biens nationaux, dès que les cours de ces deux sortes d'effets sera à-peu-près de niveau. L'expérience prouve en effet, que les loix déjà rendues sur la vente des biens nationaux contre des inscriptions, ont rapproché considérablement le cours de ces dernières de celui des autres créances. Avant la loi du 16 brumaire, les inscriptions étoient à 3 l. 10 sous, tandis que les ordonnances de l'arriéré ne perdoient que cinquante pour cent : aujourd'hui ces dernières sont tombées à 75 tandis que les inscriptions sont recherchées à 14 francs. La valeur de celles-ci a donc plus que quadruplé, tandis que celle des autres créances est tombée de moitié. Et cela doit être, puisque la loi a ouvert aux inscriptions un débouché, et qu'on commence à payer plus exactement et avec moins de lenteur, le quart promis aux rentiers, tandis que le paiement des autres créances arriérées étant suspendu, elles n'ont pour le moment d'autre écoulement que les inscriptions. La nouvelle mesure que je sollicite, suffira probablement pour mettre celles-ci tout-à-fait au niveau des autres créances, qui alors disparoîtront sur le champ.

Je ne parlerai pas de l'influence qu'aurait sur le crédit public, la hausse des inscriptions en particulier, opérée par ce mode de vente, parce que j'ai developpé cet article dans plusieurs de mes écrits, notamment dans la brochure intitulée : Rentiers et inscriptions au grand livre. J'observerai seulement qu'il est étonnant, que cette vérité si évidente ne soit pas mieux reconnue en France, tandis que l'expérience de nos voisins suffiroit pour démontrer, que toutes autres choses égales, la hausse ou baisse des fonds publics est le thermomètre non seulement du crédit du gouvernement, mais encore de la prospérité nationale.

Ce mode de vente produiroit dans les dépenses du gouvernement une économie consi-dérable.

I

Cet avantage n'est qu'une suite immédiate et nécessaire du précédent, ou de l'amélioration du crédit public. Personne n'ignore que les marchés faits pour la nourriture , l'habillement et l'équipement des troupes, et en général pour toutes les fournitures relatives au ministère de la guerre et à celui de la marine , font la majeure partie des dépenses du gouvernement. Or plus celui-ci aura de crédit , plus il lui sera facile de faire des marchés avantageux.

Mais une observation essentielle qui échappe à bien du monde , c'est que les marchés *au comptant* qu'on recommande tant au gouvernement , sont dans le fond une chimère , parce que par la nature des choses même le gouvernement , à moins de faire des avances , ne peut faire que des marchés à crédit. Un particulier qui va dans une boutique pour acheter du drap , peut bien faire un marché au comptant , parce qu'il tient d'une main la bourse pour payer le drap qu'il reçoit de l'autre. Mais le gouvernement qui fait un marché avec un particulier ou avec une compagnie , pour fournir à telle époque tant de milliers d'habits pour telle armée , on pour verser tant de milliers de rations de fourrages dans tel magazin , fait réellement un marché à crédit , quoique dans le contrat le paiement soit stipulé *au comptant* , et qu'il s'éffectue réellement après la livraison faite. En effet , le fournisseur ne pouvant faire ces fournitures au moment et sur les lieux où le marché a été conclu , est obligé de faire au moins les avances de la première livraison , si le gouvernement ne les lui fournit pas. Or , si le gouvernement ne jouit d'aucun crédit , le fournisseur ne fera pas ces avances , ou il ne les fera qu'en se se faisant payer chèrement les risques , ou encore en se faisant donner pour nantissement des bois ou autres valeurs , qui ordinairement lui procurent le moyen de faire avec les fonds même du gouvernement , la fourniture convenue. On voit par là de quelle importance le crédit est pour le gouvernement, puisqu'il en a besoin, même lorsqu'il fait des marchés au comptant, et qu'il paye de même.

3°. *Ce mode de vente est avantageux pour le crédit particulier.*

Pour démontrer cette vérité , il suffiroit d'observer ce que personne ne conteste, que le crédit particulier est intimément lié avec le crédit public , sur lequel ce mode de vente a, comme l'on a vu, une influence si salutaire.

Mais il se présente ici une autre considération majeure ; c'est l'argent qu'absorbent les spéculations absolument inutiles , et même souvent dangéreuses pour le public , qui se font sur cette multitude de créances de toute espèce , dont on a commencé l'énumération ci-dessus. Si ces capitaux rentroient dans la circulation ordinaire , s'ils étaient employés en entreprises et spéculations utiles à la société , l'intérêt de l'argent baisseroit , et le crédit particulier remonteroit dans la même proportion.

4°. *Ce mode de vente procureroit aux rentiers et aux autres créanciers de l'état , deux avantages inappréciables :* le premier, en faisant hausser considérablement la valeur venale de leurs créances ; le second, par la plus grande sûreté et facilité, soit du remboursement des fonds , soit du paiement des arrérages , qu'amèneroit cette réduction volontaire de la dette publique.

5°. *Ce mode de vente soulageroit considérablement le fardeau des impôts ,* tant par la réduction qu'il opéreroit dans la dette publique, que par la diminution des dépenses dont j'ai parlé plus haut. La bonté des terres de la Belgique, qui avant la révolution se vendoient jusqu'au denier cinquante , et la nature même des biens nationaux de ce pays , composés tous de ceux qu'on appelle de première origine et surtout de biens de moines , sont deux circonstances qui ne permettent pas même de déterminer avec exactitude , la masse incroyable de dettes que l'état pourroit éteindre en adoptant ce mode de vente. Or, quoique je ne sois pas de l'avis de Cambon , qui disoit que dette publique et république ne pouvoient absolument s'allier ensemble , qu'il falloit que la république mangeat la dette publique , ou que celle-ci mangeat la république ; je crois cependant qu'il est essentiel d'amortir autant et aussi promptement qu'il est possible, cette dette , qui , en y comprenant les pensions et les rentes viagères , absorberoit , si elle restoit telle qu'elle est , plus de la moitié de tous les impôts ordinaires.

En parlant de l'impôt ordinaire , je ne puis m'empêcher d'observer ici , qu'en décrétant que les quittances de l'emprunt forcé seroient reçues en déduction de la contribution foncière, à raison d'un dixième par an , le corps législatif a non-seulement fait un acte devenu par évènement injuste , puisqu'il favorise une classe de citoyens aux dépens de l'autre , (*), mais qu'il a outre-passé ses pouvoirs, puisqu'il ne peut décréter la contribution que pour un an , et qu'aucune législature ne peut à cet égard empiéter sur la suivante. Pour réparer cette erreur sans la moindre injustice , il n'y a qu'à profiter du mode de vente proposé , et renvoyer tous ces coupons aux biens nationaux de la Belgique. Je dis *sans la moindre injustice* , parce que la presque totalité de l'emprunt forcé a été payée en mandats achetés au dessous de dix livres le cent , cours inférieur à celui des inscriptions d'aujourd'hui. Aussi serois-je d'avis , que ces quittances fussent renvoyées unique-

______

(1) C'est au point que plusieurs contribuables , voyant l'effet de ces bienheureux coupons , ont fait des reproches aux administrations , de les avoir trop peu imposés dans la répartition de cet emprunt.

ment aux biens nationaux , tandis que pour les autres créances ce débouché n'est que facultatif.

6°. *Ce mode de vente est conforme à la politique*, qui veut que nous transplantions dans ce pays nouvellement acquis , autant de propriétaires français que faire se peut , afin d'y introduire et propager plus promptement nos loix , mœurs et usages. Or , ces propriétaires se trouveront naturellement dans les rentiers et autres créanciers de l'état , qui placeront leurs créances en acquisitions de biens nationaux de la Belgique.

7°. *Ce mode de vente*, en déblayant la place de cette bigarrure de créances de toute couleurs qui l'infestent, *influera singulièrement sur l'industrie et la morale*. On ne se fait pas une idée de la quantité de fainéans et de mauvais sujets qu'à engendrés la vente des assignats et des mandats ; considération que j'ai donnée dans l'historien du 29 brumaire , comme un des principaux motifs pour retirer de la circulation au plus vîte ce papier absolument inutile. Les courtiers ambulans qui ne peuvent plus trafiquer en assignats et en mandats, ou qui sont un peu au-dessus de la classe de ceux qui vendent ou achètent des gros sols , se sont fait marchands d'ordonnances , de bons , de récépissés et de créances de toute espèce. Après avoir fait leur station au perron , ou autour de la bourse , ils vont de porte en porte offrir aux uns ce qu'ils n'ont pas à vendre , et demander aux autres à acheter ce qu'ils ne peuvent payer , à moins d'avoir vendu aux premiers les effets de ceux-ci. La plupart de ceux qui ont une fois gagné dix écus à ce métier , sont perdus pour la société , pour le travail et l'industrie. Pour détruire cette race , il n'y a qu'un moyen ; c'est de faire disparoître les créances qui leur servent d'aliment.

Tous ces motifs seront je crois plus que suf-

fisans pour engager le corps législatif à porter promptemeut une loi, pour vendre les biens nationaux de la Belgique uniquement contre des inscriptions et autres créances sur l'état, parmi lesquelles on rangeroit surtout les quittances provenantes de l'emprunt forcé.

Essai d'un Tableau comparatif de la dette publique de l'Angleterre avec celle de la France.

N. B. Les données sur la dette de l'Angleterre sont tirées des rapports mêmes et des comptes rendus au parlement par le ministre. Elles sont incontestables ; mais quand il y auroit quelqu'inexactitude, ce qui n'est point, on pense bien que les résultats étant fournis par le ministre, seroient plutôt au-dessous qu'au-dessus de la réalité, ce qui ne serviroit qu'à donner plus de force aux argumens que j'en ai tirés en faveur de notre situation financière relative. J'ai d'ailleurs comparé avec ces résultats, les meilleurs écrits anglais pour et contre, et surtout ceux de Morgan, l'écrivain le plus exact sur cette matière.

Quant à l'état de la dette publique et des finances de la France, je m'en suis occupé depuis si long-temps et si constammeut, je me suis donné tant de peines pour acquérir des renseignemens de toutes parts et sur toutes les parties de cette connoissance, j'ai mis un travail si opiniâtre, une ténacité si imperturbable à suivre le même objet, que j'ose présenter au public, avec quelque confiance, les données qui servent de bases à cet article.

1. *Comparaison des capitaux.*

La dette publique de l'Angleterre, consistante en dette consolidée, billets de l'échiquier, billets de la marine, etc. formoit le 1er janvier 1796, un capital de.............. 360 millions livres sterlings.

N. B. Le budget étant toujours présenté à la fin de l'an, pour l'année suivante, il se trouve compris

dans ce total, la majeure partie de la dépense pré-
sumée de 1796, pour laquelle a été fait entr'autres
l'emprunt de 18 millions, ouvert en décembre 1795.

A quoi il faut ajouter pour un autre emprunt fait
en avril 1796......... 7 millions 500 mille livres.

Pour billets de la ma-
rine dans le même mois. 4 millions 400 mille.

Pour billets de la ma-
rine et de l'échiquier,
en octobre 1796....... 13 millions 700 mille.

Le dernier emprunt
ouvert en décem. 1796,
pour les besoins présu-
més de 1797........... 18 millions.

TOTAL......... 403 millions 600 mille liv. st.

Dans cette somme n'est pas compris le déficit que
produira la dépense de cette année, les billets de
la marine et de l'échiquier qui seront encore émis;
l'emprunt projetté de dix autres millions, etc.

Mais comme d'un autre côté, il n'y a encore que
trois mois et demi de 1797 d'écoulés, et que d'ailleurs
il faut déduire ce qui n'a été donné à l'empereur
qu'à titre d'emprunt, en supposant toute fois, qu'il
veuille bien ou même qu'il le puisse rembourser, je
ne porterai le capital de la dette anglaise, au moment
actuel, qu'à 400 millions liv. sterlings, qui, au pair
moins que moyen de 24 francs la livre sterling, (1)

____

(1) Je n'ai jamais pu concevoir sur quel fondement tous les
journaux, la plupart des brochures, et même les traités élémentaires de commerce ou des changes, mettent la livre sterling à 22 livres dix sous.

Depuis la dernière refonte des louis, le pair en or est presque
de 25 livres, même en négligeant la différence entre le remède
de loi, qui en France est de 10 trente-deuxièmes, tandis qu'en
Angleterre il n'est que d'un sixième de carat, ou d'un peu plus
que 5 trente-deuxièmes.

font la somme effrayante de neuf milliards, 600 millions de francs.

En admettant que la population actuelle de l'Angleterre, de l'Ecosse et de l'Irlande soit de dix

---

Le pair en argent porte la livre sterling à plus de 24 livres 8 sous, en négligeant encore la différence du remède de loi, qui à la vérité n'est pas bien considérable pour l'argent.

On peut vérifier ces assertions par les deux règles conjointes que voici.

Pour l'or.

Combien de livres tournois vaut... 1 livre sterling ?
1 livre sterling vaut........... 20 shellings.
21 shellings font.............. 1 guinée.
44 $\frac{1}{2}$ guinées pèsent........... 1 livre poids de troye.
100 livres poids de troye pèsent.. 76 livres poids de marc.
1 livre poid de marc, à....... 2 marcs.
Dans   1 marc on taille............ 32 louis d'or.
1 louis d'or vaut .... 24 livres.

En faisant l'opération, on trouvera pour résultat un peu plus de 24 livres 19 sous 9 deniers.

Pour l'argent.

Combien de livres tournois vaut.... 1 livre sterling ?
1 livre sterling vaut........... 20 shellings.
62 shellings pèsent .... 1 livre poids de troye.
100 livres poids de troye pèsent... 76 livres poids de marc.
1 livre de poids a............ 2 marcs.
Dans 1 marc on taille.............. 8,3. écus de six francs.
1 de ces écus vaut........... 6 livres tournois.

L'opération achevée donnera pour résultat un peu plus de 24 livres 8 sous.

D'après cela on ne peut qu'être surpris, en voyant dans plusieurs livres élémentaires publiés, ou du moins réimprimés tout récemment, la livre sterling évaluée à 22 livres 17 sous, avec la copie littérale d'une note de Fréville, traducteur de l'arithmétique politique d'Arthur Young, qui fonde cette évaluation faite en 1775, sur la supposition que la valeur de la guinée est égale à celle du louis d'or. Cette supposition, fausse même pour ce temps-là, qui est antérieur à la refonte des louis, est aujourd'hui tout-à-fait ridicule. C'est comme si l'on disoit : *en supposant la valeur de la pièce de cinq francs égale à celle de l'écu de six livres.*

millions

millions d'habitans , (1) ce qui seroit beaucoup après l'émigration et stagnation du travail, produites par la guerre, chaque individu de tout âge et de tout sexe seroit obligé, s'il s'agissoit de rembourser cette dette, de payer pour sa quotte part, la modique somme de 960 francs. Il en payeroit douze cens , si l'on ne portoit la population totale qu'à huit millions, comme c'est l'opinion la plus généralement reçue.

La surface des trois royaumes , parmi lesquels l'Ecosse est inculte pour un grand tiers , forme environ 64 millions d'arpens ; chaque arpent y est donc grévé pour sa part de 150 francs.

En adoptant les données de Smith sur la quantité de numéraire effectif circulant en Angleterre avant la guerre, quantité qui doit être bien réduite aujourd'hui , on trouve pour résultat plus de quinze écus de dettes contre un écu comptant (2).

---

(1) Presque toutes les géographies, l'encyclopédie et une foule d'auteurs ne portent cette population qu'à huit millions , pour les 3 royaumes réunis ; quelques-uns mettent pour l'Angleterre seule, huit millions, pour l'Ecosse, 1200 mille , et pour l'Irlande, 2 millions 200 mille ; en tout onze millions 400 mille habitans. Je regarde la première donnée comme trop foible, même dans ce moment-ci , et la seconde comme trop forte, même avant la guerre. Aussi en mettant dix millions , pour éviter toute chicane , je crois être plutôt au-dessus qu'au dessous de la réalité.

Rien au reste ne démontre mieux, combien cette population est peu connue, que la différence énorme entre les calculs des meilleurs écrivains anglais sur cette matière , calculs dont on trouve les résultats dans l'arithmétique politique d'Arthur-Young. Cette différence est telle , que tandis que les uns donnent moins de huit millions d'habitans aux trois royaumes réunis , les autres en mettent plus de huit millions pour la seule Grande-Bretagne.

(2) On verra bientôt que dans les suppositions les plus défavorables pour la France, cette proportion ne va pas au-delà de 1 à 3 ; mais comme dans toute discussion il faut de la franchise, j'avouerai que cette comparaison, toutes autres choses égales, prouve bien moins qu'on ne croit au premier aspect , parce que la quantité de numéraire effectif qui circule , et à plus forte

B

Sur les 5oo millions de livres sterling qui forment aujourd'hui la totalité de la dette publique de l'Angleterre, la guerre actuelle seule en a absorbé 14o, c'est-à-dire plus du tiers; la guerre de l'Amérique n'avoit augmenté la dette que d'environ 75 millions, c'est-à-dire, un peu plus de la moitié de ce qu'a absorbé cette guerre-ci. Je doute fort qu'on puisse imaginer une amélioration d'agriculture, d'industrie et de commerce, ou en général un accroissement de travail qui puisse contrebalancer une accumulation de dettes aussi prodigieuse et rapide.

Pour la France.

Les rentes perpétuelles inscrites au grand livre montent à 1o4 millions, celles qui restent à inscrire, forment au plus 46 millions (1), total, 15o millions; calculées au denier vingt, elles font un capital de trois milliards.

---

raison celle qui existe dans un pays, n'est pas à beaucoup près un élément indispensable ni principal du crédit public et de la prospérité nationale. Selon Smith et tous les auteurs anglais, le commerce, l'agriculture et l'industrie ont plus que doublé en Ecosse, depuis l'établissement des banques particulières, quoique depuis cette même époque, la quantité de numéraire effectif ait diminué de moitié. C'est même un fait essentiel à remarquer en économie politique, qu'avant la révolution la France avoit au moins trois fois plus de numéraire effectif que l'Angleterre, quoique celle-ci eût un commerce maritime plus que sextuple, une industrie plus que double, et que la culture des terres y fut bien plus perfectionnée que chez nous. Tant il est vrai que le numéraire n'est par lui-même ni le signe, ni la cause de la richesse et de la prospérité d'une nation, et que les combinaisons pour en faire entrer ou pour l'empêcher de sortir, à l'aide du régime prohibitif, et de la balance de commerce tant vantée, ne sont que des chimères; car si ces combinaisons faisoient réellement entrer des espèces, aucun pays n'en auroit dû posséder plus que l'Angleterre, tandis que si d'un autre côté les espèces étoient la vraie mesure de la richesse d'une nation, aucun peuple n'auroit été plus pauvre que le peuple Anglois.

(1) Cet article n'est porté par Treilhard qu'à 16 millions; je ne sais pourquoi. La dette perpétuelle à inscrire provenante des

Les pensions anciennes et nouvelles, les pensions ecclésiastiques et celles dues aux veuves des défenseurs de la patrie, y compris un million qui reste à inscrire, forment 70 millions.

Les rentes viagères, y compris celles qui restent à inscrire, montent à 72 millions.

Ces deux articles ensemble font une dette viagère de 142 millions, qui réduite en capital, (1) à 10 pour cent, forme un milliard 420 millions.

Les ordonnances et décomptes de l'arriéré, et autres dettes criardes dont il a été parlé ci-dessus, y compris les bons de la première moitié, et les trois quarts *que n'a pas encore absorbés la vente des biens nationaux*, forment en cavant au plus haut, 400 millions (2).

---

charges et offices non remboursés, de quelques pensions viagères non inscrites, et de plusirurs autres articles du département du citoyen Normandie, ne passe pas à la vérité 8 millions de rentes ; mais celle des créances sur les émigrés, dont le liquidateur général est le citoyen Bergerot, est bien plus considérable. Celle-ci se partage en deux parties ; la première comprend les créances sur les émigrés du département de la Seine, faisant un total de 599 millions en titres et demandes ; la seconde, celles sur les émigrés des autres départemens, dont le citoyen Bergerot n'a point d'état général. Il y a des gens qui regardent la seconde partie comme égale à la première ; mais lorsqu'on considère que presque tous les gros propriétaires avoient leur domicile à Paris, que le petit nombre de ceux qui n'y résidoient pas, avoient peu de dettes, et que parmi eux il y en a peu d'émigrés, il devient fort douteux que le total de cette seconde partie soit le tiers de l'autre, et que les deux parties réunies fassent 800 millions en capital, ou 40 millions de rentes. En portant donc l'article ci-dessus à 46 millions, je crois être fort près de la vérité. Je fais cette observation, parce que notre situation financière est assez bonne, pour qu'on n'ait pas besoin de dissimuler quoi que ce soit.

(1) Ce n'est pas que je veuille conseiller de faire cette réduction ; c'est une erreur dont je suis revenu. Mais pour établir une comparaison des capitaux, il falloit bien réduire en capital le viager et les pensions, qui chez nous, forment plus de la moitié de toute la dette.

(2) C'est encore un article dont Treilhard ne parle pas.

Réunissant ces trois articles, savoir :
pour la dette perpétuelle........ 3,000 millions.
pour les pensions et rentes viagères. 1,420 millions.
pour les dettes exigibles........ 400 millions.

La totalité de la dette publique de la France ne se trouve monter qu'à quatre milliards 820 millions, c'est-à-dire environ *à la moitié* de la dette de l'Angleterre.

Il y a plusieurs observations essentielles à faire sur ces données, tirées du dernier rapport de Treilhard, et qui s'accordent parfaitement avec les renseignemens que j'ai obtenus d'ailleurs.

1°. Parmi les perpétuelles il s'en trouve, comme Treilhard l'observe lui-même, une quantité considérable qui appartiennent à des émigrés, et que la confiscation a éteintes.

2°. Les rentes viagères et les pensions, réduites en capital à dix pour cent, parce que c'est-là le taux généralement reçu, sont évaluées beaucoup trop haut, sur-tout lorsqu'on considère que les 50 millions de pensions ecclésiastiques sont dues presqu'en totalité à des gens au-dessus du moyen âge, et doivent par conséquent s'éteindre avant le terme donné par les calculs ordinaires.

3°. Je suis persuadé qu'une grande partie du viager, et notamment de ces 50 millions de pensions, est déjà éteinte et n'existe plus que sur le grand livre. On s'en convaincra, en comparant ces pensions avec ce qu'elles étoient en 1792, et en faisant attention au nombre prodigieux d'individus de cette classe, qui ont péri depuis cette époque.

4°. Les ventes de biens nationaux, faites d'après les lois du 16 brumaire et 9 germinal, ont absorbé et absorbent journellement une quantité d'inscriptions, dont le montant ne peut être déterminé, mais qui, à en juger par ce qui s'est vendu dans le seul département de Seine et Oise, est plus considérable qu'on ne le croit. Si on adopte le projet que je propose, de vendre uniquement contre des inscriptions, les biens nationaux de la Belgique, je ne vois aucune raison pour que cette vente n'absorbe pas la majeure partie des rentes perpétuelles, en supposant même que les inscriptions montent à 5o francs, qui est presque le quadruple de leur valeur vénale actuelle.

5°. Enfin si la nation, conformément au projet qui a été présenté, projet parfaitement juste et raisonnable, rentre dans la possession des rentes foncières, qu'il n'a jamais été de l'intention du législateur d'aliéner en vendant le fonds, les vingt millions de ces rentes qui résulteront de cette mesure, pourront au même cours de 5o francs éteindre quarante millions de dettes perpétuelles.

Mais en mettant de côté toutes ces considérations majeures, fondées en partie sur des réalités, et en supposant que la dette publique de la France soit de 4 milliards 800 millions, il en résulte encore les avantages suivans, pour notre position relative ou comparée avec celle de l'Angleterre.

1°. Nous avons donné à celle-ci dix millions d'habitans ; d'après cela il est bien permis d'en admettre pour la France vingt-huit, (1) en y comprenant tous les départemens réunis, et notamment la Belgique. En répartissant sur cette population les 4 milliards 820 millions de dettes, la quote part pour chaque individu, qui, en Angleterre, est de 960 francs au moins, et qui pourroit fort bien aller à

---

(1) Cette évaluation, faite uniquement pour éviter toute contestation, est évidemment trop foible de beaucoup. Dans toutes autre circonstance, je porterois la population de la totalité de la république à trente millions, sans crainte d'exagérer en aucune manière.

B 3

1200 , n'est chez nous que de 172 livres , elle ne seroit même que de 160 livres , si l'on supposoit 30 millions d'habitans au lieu de 28. Notre fardeau individuel est donc au moins six fois plus léger.

2°. La France, y compris les départemens réunis , contient au moins une surface de 124 millions d'arpens , qui , à culture égale , l'emportent de beaucoup et pour la qualité du sol , et pour le climat, sur ceux des isles Britanniques. Cependant la dette publique de la France , repartie sur toute sa surface , ne donne pas 40 livres par arpent , qui en Angleterre seroit grévé de 150.

3°. En supposant qu'il ne nous reste plus que 1600 millions en espèces , c'est-à-dire , les deux tiers environ de ce que nous en avions avant la révolution , nous n'aurions que 3 écus de dettes contre un écu comptant, tandis qu'en Angleterre cette proportion comme l'on a vû , est de plus de 15 à 1 , même en lui accordant fort gratuitement la même quantité de numéraire qu'il y avoit avant la guerre , supposition , qui étant admise chez nous , réduiroit le rapport entre la totalité de la dette et celle du numéraire effectif , à celui de 2 à 1.

Ce tableau comparatif *des capitaux* de la dette publique des deux pays, présente, pour la France, des résultats trop avantageux, pour que le public prévenu y ajoute toute la foi qu'il mérite, comme fondé sur les faits les plus notoires et les rapports les plus authentiques, dont Pitt lui-même n'oseroit contester l'authenticité. Morgan même et plusieurs autres écrivains anglais, dont l'autorité est d'un grand poids, portent le capital de la dette anglaise beaucoup plus haut, parce qu'ils supposent la conversion en consolidés à trois pour cent de *tous* les emprunts fournis dans les fonds de cinq pour cent ; différence que je ne puis expliquer ici(1),

____

(1) Je donnerai à ceux qui me feront l'amitié de me consulter, toutes les explications qu'ils peuvent désirer sur cet objet.

parce que ce détail me mèneroit trop loin. En général, tout ce qu'on peut reprocher à ce tableau,
c'est que tout ce qui n'est pas donnée certaine et
incontestable, s'y trouve cotté comme *minimum* en
faveur de la France, et comme *maximum* en faveur de l'Angleterre.

Mais comme encore une fois le premier mérite
de toute discussion est la franchise, il faut conve-
nir que la comparaison des intérêts, quoiqu'encore
infiniment avantageuse pour la France, ne l'est
pas autant que celle des capitaux qui, en Angleterre, présentent une masse proportionnellement
beaucoup plus forte que celle des intérêts. Cela ne
vient pas, comme l'on pourroit croire, du taux de
l'intérêt même auquel l'Angleterre emprunte; car il
seroit aisé à démontrer que déjà, sous lord North,
beaucoup d'emprunts ont été faits à six, sept et
huit pour cent, et que depuis on en a faits à dix
et douze. Mais comme depuis l'accroissement ex-
traordinaire de la dette publique, accroissement qui
date déjà de la guerre d'Amérique, le gouvernement
anglais regarde la dette publique comme non-rem-
boursable, il s'embarrasse fort peu d'augmenter le
capital, pourvu que l'intérêt paroisse modique. C'est
dans cette vue que les derniers emprunts se sont faits,
en recevant des fonds à quatre et cinq pour cent, pour
les reconstituer à trois pour cent sur un capital augmenté à proportion; opération qu'en dernière analyse on pourroit comparer à celle d'un homme qui
emprunteroit une inscription de 20 mille livres de
capital, portant mille livres de rente, pour la re-
vendre contre 15 mille livres espèces, et qui don-
neroit au prêteur, en échange, une obligation de
30 mille livres, portant quatre pour cent d'intérêt,
au lieu de cinq. Plusieurs emprunts faits dans cet
esprit ont été si onéreux, quant à l'accroissement
de la dette publique, que Morgan démontre, Ba-

rême à la main, que le gouvernement a racheté à 96 pour cent en 1792 les mêmes fonds qui, dans la guerre d'Amérique avoient été fournis à $54\frac{1}{2}$, ensorte que pour chaque 100 livres sterling reçus pendant cette guerre, la nation en a payé environ 175 en 1792 (1). Delà vient que, quoique la majeure partie des 400 millions sterling de capital ait été empruntée réellement au-dessus de cinq pour cent, cependant la totalité des intérêts, qui devroit aller au moins à 20 millions, ne passe pas 14 millions et demi. Cela n'empêche pas que la comparaison de ces intérêts avec les arrérages de notre dette publique, ne représente encore des résultats bien avantageux pour la France.

2. *Tableau comparatif des intérêts de la dette publique des deux pays.*

Ces intérêts montent, pour l'Angleterre, à 14 millions et demi sterling, faisant au moins 348 millions de livres tournois.

Morgan démontre avec assez de probabilité que tout le produit net des terres de ce pays ne passe pas 18 millions sterling ; et, comme Pitt, dans un de ses derniers rapports, le porte à 25, on ne fera certainement pas tort à l'Angleterre, en prenant pour base le terme moyen de 21 millions et demi, d'où il s'ensuit que les seuls intérêts annuels et perpétuels de la dette publique, y absorberoient plus des deux tiers du revenu net de toutes les terres.

En France, les intérêts de la dette perpétuelle montent, comme on l'a vu, à 150 millions ; les

____

(1) Pour rendre cette extravagance plus sensible, il est bon d'observer que lord North et Pitt ont augmenté chacun le capital de la dette publique de plus de 70 millions sterlings, pour environ 48 millions que l'emprunt leur a fournis en espèces.

pensions et rentes viagères réduites en perpétuelles, en forment 71, à quoi ajoutant 20 millions pour la dette exigible, on aura un total de 241 millions de livres tournois, ce qui ne fait qu'environ les deux tiers des 348 que l'Angleterre est obligée de payer.

Le produit net des terres de la France, avant la révolution, est porté par Lavoisier à 1200 millions, évaluation que bien des gens trouvent trop foible, et qui ne se concilie guères avec les impôts dont ce revenu est grévé. En y joignant la Belgique et autres pays réunis depuis, ou peut sans exagération porter ce revenu à 1500 millions, sur-tout proportion gardée avec le taux auquel on a estimé celui de l'Angleterre. Mais en ne le supposant même que de 1200 millions, contre toute vraisemblance, les arrérages de notre dette réduite en entier en perpétuelle, n'absorberoient encore guères au-delà du cinquième de ce revenu, tandis qu'en Angleterre ils enlèveroient plus des deux tiers. Les 312 millions même à quoi se monteroit le paiement de tous les arrérages, le viager non réduit, n'en absorberoient que le quart.

Il est bon d'observer que les 348 millions d'arrérages annuels de la dette d'Angleterre, absorberoient 48 millions au-delà du produit de toutes les contributions directes de la France.

En répartissant ces mêmes arrérages sur 10 millions d'habitans, chaque individu de tout âge et de tout sexe sera obligé de payer annuellement 34 liv. 16 sols, tandis qu'en France les 312 millions d'arrérages, (le viager non réduit) répartis sur 30 millions d'habitans, ne donnent que 10 livres 8 sols par tête.

En réduisant le viager en perpétuel, (s'entend toujours par le calcul,) cette charge ne sera que de 8 livres; c'est-à-dire entre le quart et le cinquième de celle qui grève un individu en Angleterre.

En appliquant le calcul à la surface, chaque arpent en Angleterre se trouve grévé, par la dette publique, d'une charge annuelle, de 5 livres 9 sols, tandis qu'en France, il ne supporte que 1 liv. 19 s. si l'on réduit le viager ; et environ 2 liv. 10 sols, si on ne le réduit pas.

A tous ces faits, et aux calculs fondés sur ces faits, on ne pent faire que trois objections un peu plausibles en faveur de l'Angleterre.

La première est fondée sur les richesses immenses que l'Angleterre retire de son commerce extérieur, et sur-tout de ses possessions dans les deux Indes, qui mettent ce pays en état de supporter des taxes proportionnellement beaucoup plus fortes que celles qu'on peut lever en Frauce.

A cela je réponds : 1°. qu'en admettant ce principe, il faut au moins qu'il y ait quelque proportion entre le revenu annuel provenant de ces richesses, et les arrérages de la dette auxquels il faut faire face, abstraction faite des dépenses ordinaires du gouvernement. Or je ne crois pas qu'aucun homme instruit veuille se charger de démontrer que cette proportion existe en Angleterre; l'expérience d'abord seroit incontestablement contre lui.

2°. Le commerce extérieur de l'Angleterre est fondé, moins sur l'exportation des productions du sol, que sur celles de l'industrie; il a pour appui une immense circulation de papier de crédit, et une puissance maritime qui enhardit cette nation, à exercer sur mer et dans ses ports, une espèce de tyrannie sur les navires de toutes les autres. L'exportation de ses manufactures diminuera, à mesure que les autres nations deviendront plus industrieuses et moins dépendantes. La cherté de la main-d'œuvre d'ailleurs deviendra si exhorbitante à cause des taxes, que leurs manufacturiers ne pourront bientôt plus soutenir la concurrence dans les marchés de l'Europe. Sa tyrannie maritime et commerciale (car

c'en est une,) cessera, quand même les autres puis-
sances n'y mettroient pas ordre, par le seul progrès
des lumières qui forcera le gouvernement de renon-
cer à un système qui, sans rendre la nation plus
heureuse, en fait une ennemie du genre humain.
Le papier qui ne sert plus à faire circuler des richesses réelles, et dont le crédit est fondé en grande
partie sur le produit des taxes, menace déjà ruine,
et entraînera peut-être le gouvernement même dans
sa chûte.

3°. La France d'ailleurs ne peut-elle pas également
s'enrichir par le commerce? N'avoit-elle pas n'aguè-
res un commerce assez florissant? Ses manufactures
de soie, de draps et d'une foule d'autres objets,
n'étoient-elles pas en pleine activité? La paix fera
bientôt revivre ces sources de richesses; nous avons
même un avantage marqué sur l'Angleterre, dans les
productions particulières à notre sol, telles que les
vins, les huiles, le sel, la soie, dont le commerce
n'est pas à beaucoup près aussi précaire que celui
des manufactures. Dans celles-ci d'ailleurs le carac-
tère même du Français, industrieux, inventif et
frugal à-la-fois, nous donnera toujours un avantage
considérable, quand nous recommencerons à nous y
livrer.

4°. La nation qui compte parmi les bases de ses
richesses, des possessions éloignées de six mille
lieues de la métropole, ayant pour voisins, d'un
côté, Tippo Saïb, et de l'autre, les Marattes, compte
sur une ressource très-précaire. C'est le chasseur qui
invite du monde à dîner sur le gibier qu'il tuera dans
la forêt.

La seconde objection porte sur le prix actuel des
fonds de la dette publique en Angleterre, comparé
avec le cours de nos inscriptions.

Mais d'abord cette différence est infiniment moindre qu'on ne croit. Les consolidés qui, trois mois

avant cette guerre, étoient à 99 un tiers, sont dans ce moment à 5o et un quart, avec apparence d'une baisse plus grande encore. Ces 5o ne se paient qu'en billets de banque qui perdent eux-mêmes contre des espèces, en sorte que le cours réel des consolidés est au dessous de 5o pour cent (1).

Nos inscriptions sont, au moment où j'écris ceci, recherchées à quinze francs, avec l'apparence la plus grande de hausse. Donc même, pour celui qui veut réaliser sur le champ, la différence de la valeur entre ces deux effets, n'est que d'environ 3 à 1.

C'est bien autre chose pour celui qui veut garder les effets, ou placer ses fonds. Pour lui nos inscriptions présentent une sûreté et garantie, avec lesquelles les fonds de la dette anglaise ne peuvent entrer en aucune comparaison.

Enfin une considération majeure est la chûte incalculable que doivent éprouver les fonds anglais, dès que le desir de réaliser sera devenu tant soit

---

(1) On ne peut rien dire de positif sur cette perte des billets de banque contre numéraire. La hausse des marchandises, et notamment celle des denrées coloniales indiqueroit, si elle n'a pas d'autres causes, que les billets avec lesquels on craint être payé, perdent dix pour cent. Le change sur Hambourg qui est même favorable pour Londres, n'est pas un thermomètre aussi sûr qu'on croiroit. Car outre que cette place est remplie depuis longtemps de marchandises anglaises envoyées en entrepôt, il est possible que les principaux banquiers et négocians anglais aient fait des efforts momentanés extraordinaires pour soutenir le crédit si important sur cette place. Enfin, ce qu'il importeroit de savoir, c'est comment se payent les traites, si c'est en espèces ou en billets de banque. Car si le payement est toujours exigible en espèces, comme il l'étoit autrefois, les billets n'ayant jamais été a *legal tender*, une offre légale, le change avantageux pour l'Angleterre se concilieroit encore avec le discrédit des billets de banque. Ce qui est incontestable, c'est qu'ils doivent perdre quelque chose contre espèces, à moins qu'on n'ait réalisé à Londres le paradoxe, de billets, qui étant au pair lorsqu'on les payoit, sont restés au pair depuis qu'on ne les paye plus.

peu général. Il n'y a aucune raison pour empêcher de croire, qu'alors ces papiers ne tombent au niveau des mandats dans leur agonie.

La troisième objection a pour base le peu de produit réel de nos impôts ; les contributions directes sur-tout, dit-on, ne rapporteront jamais les 3oo millions qu'on en attend, parce que les terres sont excessivement surchargées, que les frais de culture sont énormes, que l'impôt est très-mal réparti, et que tout le monde crie.

Examinons jusqu'à quel point ces plaintes sont fondées, et s'il n'est pas très-aisé de remédier à celles qui le sont ; mais ne nous arrêtons pas aux jérémiades qui n'ont pour motif que le desir d'en revenir aux impôts de l'ancien régime, ou de créer beaucoup d'administrations et de places.

En ouvrant Necker, je trouve d'abord que, sous l'ancien régime, la France, moindre d'un sixième en étendue, et couverte de privilégiés de toute couleur qui s'exemptoient d'une partie ou même de la totalité des impôts, payoit près de 600 millions, dont 211 en contributions directes ; les terres, bien loin d'être mieux cultivées qu'aujourd'hui, l'étoient généralement moins bien, et cela pour plusieurs raisons, dont les trois principales sont : l'augmentation considérable des cultivateurs-propriétaires, les impôts et baux payés pendant quelques années en papier, ce qui a mis les fermiers en état de faire beaucoup d'avances à la terre, et enfin la multiplication des bestiaux. L'acquisition seule de la Belgique augmente notre territoire de plus de 14 millions d'arpens de terres en pleine culture, et des meilleures de l'Europe. Enfin, une considération plus importante que toutes les autres pour celui qui connoît les localités, est l'abolition des privilèges si multipliés et si absurdes, que dans bien des endroits les propriétaires les plus riches, et les meilleures terres ne payoient presque rien. Une savonette du secrétariat du roi, passant successivement sur trois ou quatre têtes de la même famille, enlevoit, *ipso facto*, l'impôt de leurs possessions, pour en accabler leurs voisins.

Et la France, qui, à tous ces avantages, joint celui d'être débarrassée des horribles entraves de la gabelle et des aides, ne pourroit payer aujourd'hui 3oo millions de contributions directes, lorsque la totalité des impôts ordinaires ne passe pas 45o millions !

Les frais de culture ont déjà beaucoup diminué; ils diminueront encore davantage par la rentrée de nos guerriers dans leurs foyers, et par le retour des chevaux rendus à l'agriculture.

Mais quand les salaires et les journées de travail resteroient plus fortes que sous l'ancien régime, loin d'être un mal, ce seroit un bien ; le journalier n'en travailleroit que mieux. Les salaires en Amérique sont énormes ; cela n'empêche pas que tous les cultivateurs n'y fassent une fortune rapide.

L'impôt foncier est très-mal reparti, et encore plus mal perçu, cela est vrai, parce que jusqu'ici on ne s'en est presque pas occupé. Mais le nouveau mode pour le recouvrement des impôts directs, adopté par la dernière résolution, influera bientôt et sur la perception et sur la répartition, par l'impulsion, l'activité et les lumières que des agens intéressés à la chose et instruits des détails, pourront fournir aux corps administratifs. Le grand vice sur-tout de la répartition actuelle, tient à la partialité avec laquelle les municipalités des campagnes, ont imposés tous propriétaires forains, qui résident dans les villes. Cette circonstance donne une intensité et publicité singulieres aux plaintes faites à ce sujet. Ces mêmes propriétaires forains qui habitent les villes, crient plus fort que les autres, non-seulement parce qu'ils ont raison de crier, mais parce qu'ils ont les moyens, et qu'ils sont dans la position de se faire entendre. Je demande si cette répartition inégale est un vice si difficile à détruire ?

Le défaut de tems et d'espace m'empêche de parler ici du niveau des recettes et des dépenses; je traiterai cette question dans un autre écrit qui contiendra le tableau comparatif des dépenses de l'ancien et du nouveau régime; et dans lequel je démontrerai jusqu'à l'évidence, que même les dépenses réelles de l'administration, (en supposant que tous les fonctionnaires publics soient exactement payés) sont moindres qu'autrefois; que celles du gouvernement ne souffrent aucune comparaison, et qu'en général l'idée que le régime républicain est de sa nature moins économe que celui des gouvernemens monarchiques, est un préjugé qui n'est pas plus fondé, que celui qui attribue au gouvernement d'un seul, plus de nerf et de vigueur, qu'à celui de plusieurs, préjugé que je partageois autrefois avec Rousseau, mais dont l'expérience m'a guéri depuis long-tems, et dont je ne conçois pas que tant de gens sensés soient encore imbûs.

On voit par ce tableau que les fameux consolidés Britanniques, sont au fond bien moins solides que nos inscriptions, et que pour celui qui ne veut pas réaliser dans les vingt-quatre heures, il vaudroit mieux avoir vingt-quatre mille livres de rente sur le grand livre, que mille livres sterling sur les volumes in-folio de la dette publique d'Angleterre, que tient la banque de Londres.

Un avantage particulier que le défaut même de crédit public nous a procuré, c'est que le gouverment, malgré l'urgence des besoins et avec la meilleure volonté du monde, n'a pu anticiper sur les contributions qui se trouvent plutôt arriérées, tandis que sous l'ancien régime les trois quarts du produit de l'année suivante étoient souvent mangés d'avance. Aussi, la raison invincible pour laquelle je soutiens qu'il faut bien moins d'un milliard pour les dépenses de l'an cinq, c'est que les sept mois les plus dispendieux de cette année sont écoulés, sans que le gouvernement ait dépensé 400 millions, par la raison simple qu'il ne les avoit pas, et que le gouvernement même ne dépense pas ce qu'il n'a point, lorsque le crédit lui manque.

Je terminerai cet écrit en essayant d'expliquer un phénomène qui intrigue bien du monde; c'est la confiance des étrangers dans notre gouvernement, confiance proportionnellement bien plus forte que celle des Français mêmes, qui cependant sont sur les lieux.

Cette différence vient de ce que les étrangers voient le tableau de la république et de nos finances, en grand et tel qu'il est pour le fond, tandis que nous, qui sommes sur les lieux, nous ne voyons que les accessoires, les embarras passagers, les inconvéniens du moment.

Voyez la place Egalité, dans une machine optique; rien de plus beau, de plus magnifique, parce qu'on ne voit que la place et les beaux bâtimens qui l'entourent, la fontaine, une foule de voitures, d'allans et de venans, de belles boutiques, etc.

Allez-y, et vous trouverez des ruisseaux sales, des tas d'immondices, un trou dans le pavé, les maisons et boutiques couvertes de boue et de poussière, etc. Voilà direz-vous, la place telle qu'elle est en réalité, au diable ce miroir optique.

Point du tout; c'est vous qui ne voyez pas la chose telle qu'elle est. Mettez plus de police et plus d'ordre dans la tenue de la place, inspirez aux habitans la propreté hollandoise, et tous ces petits

petits défauts disparoîtront, tandis que les beautés réelles restent.

Il en est de même de la situation de nos finances. Les étrangers ne voient que la dette et la dépense, comparées avec les resources; c'est le fond du tableau. Le Parisien ne voit rien de tout cela; il ne voit qu'une queue interminable de rentiers, de fonctionnaires publics et créanciers, qui assiègent la trésorerie; la difficulté d'obtenir même une ordonnance dont le paiement est renvoyé aux calendes grecques; le gouvernement vivant au jour la journée, etc.

Attendez qu'on ait eu le tems de mettre dans toute l'administration plus d'ordre, et tous ces défauts disparoîtront, tandis que les ressources qui constituent la beauté du tableau, ne peuvent que rester et s'accroître.

P. S. Cet écrit étoit déjà sous presse, lorsque j'ai vu dans le Moniteur et dans l'Historien, un extrait du pamphlet anglais du lord Laudersdale, sur les finances d'Angleterre; extrait très-bien fait qui tend à faire voir et l'énormité des emprunts faits en une année, et celle des taxes que le peuple Anglais sera obligé de lever même en temps de paix, pour faire face aux dépenses ordinaires. Les premières montent à 60 millions sterling, faisant un milliard 400 millions (1) de livres tournois; emprunts qui l'ont grévé du paiement annuel de 88 millions 800 mille livres. Quant aux taxes qui ont été imposées aux Anglais dans ce même espace de temps (depuis décembre 1795 jusqu'en décembre

---

(1) Et non pas à 1 milliard 387 millions, comme traduit l'auteur de l'extrait, qui n'a calculé la livre sterling qu'à 22 livres 10 sous, tandis qu'elle vaut plus de 24 livres.

1796 (1), elles surpassent de plus de 32 millions de livres, toutes celles dont la nation a été chargée pour la dette contractée pendant les six premières années de la guerre d'Amérique. Voyez pour les détails et autres rapprochemens très-curieux, l'extrait cité, par lequel on verra que les données citées par lord Laudersdale sur la dette anglaise contractée postérieurement au 1er janvier 1796, s'accordent parfaitement avec celles que j'ai puisées ailleurs.

SAINT-AUBIN.

---

(1) Comme il faut de la franchise en tout, il est bon d'observer que le lord Laudersdale fait implicitement un double emploi dans le calcul de ce qui a été levé, soit en emprunts, soit en taxes, lorsqu'il rejette le tout sur une année, quoique réellement le tout ait été levé du 7 décembre 1795 au 7 décembre 1796, parce que, comme je l'ai observé plus haut, les emprunts et taxes des *budgets* ordinaires présentés annuellement en décembre, se rapportent partie aux dépenses de l'année prête à expirer, et partie aux besoins de celle qui va commencer.